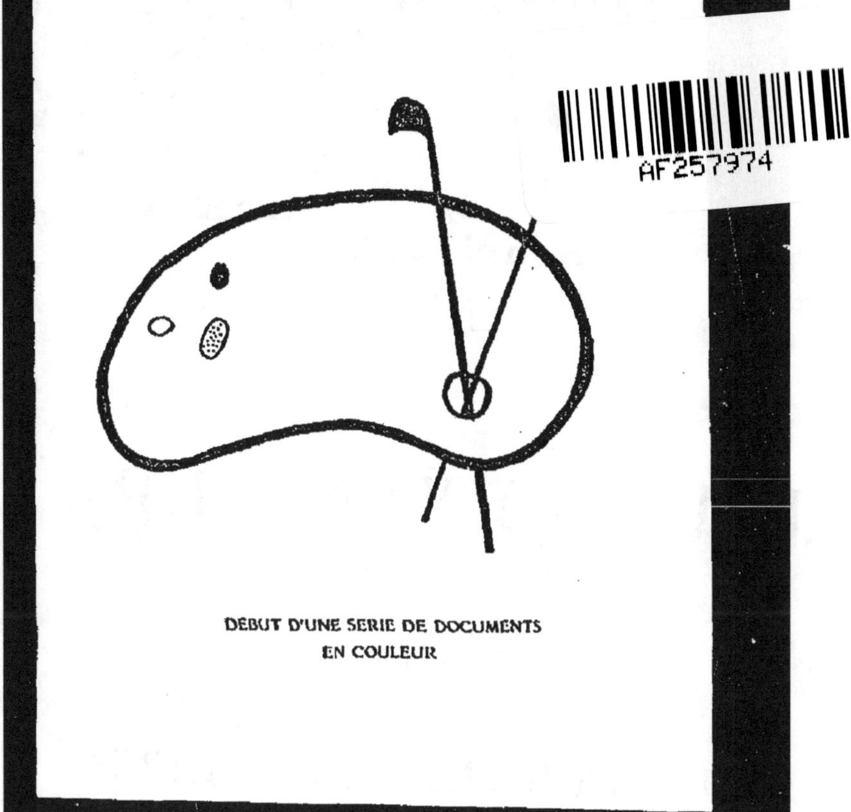

DÉBUT D'UNE SERIE DE DOCUMENTS
EN COULEUR

Henri STEIN

JEAN AUXTABOURS

ARCHITECTE

DE LA CATHÉDRALE DE CHARTRES

CAEN

HENRI DELESQUES, IMPRIMEUR-ÉDITEUR

34, RUE DEMOLOMBE, 34

1908

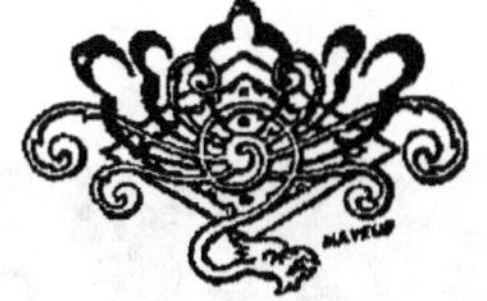

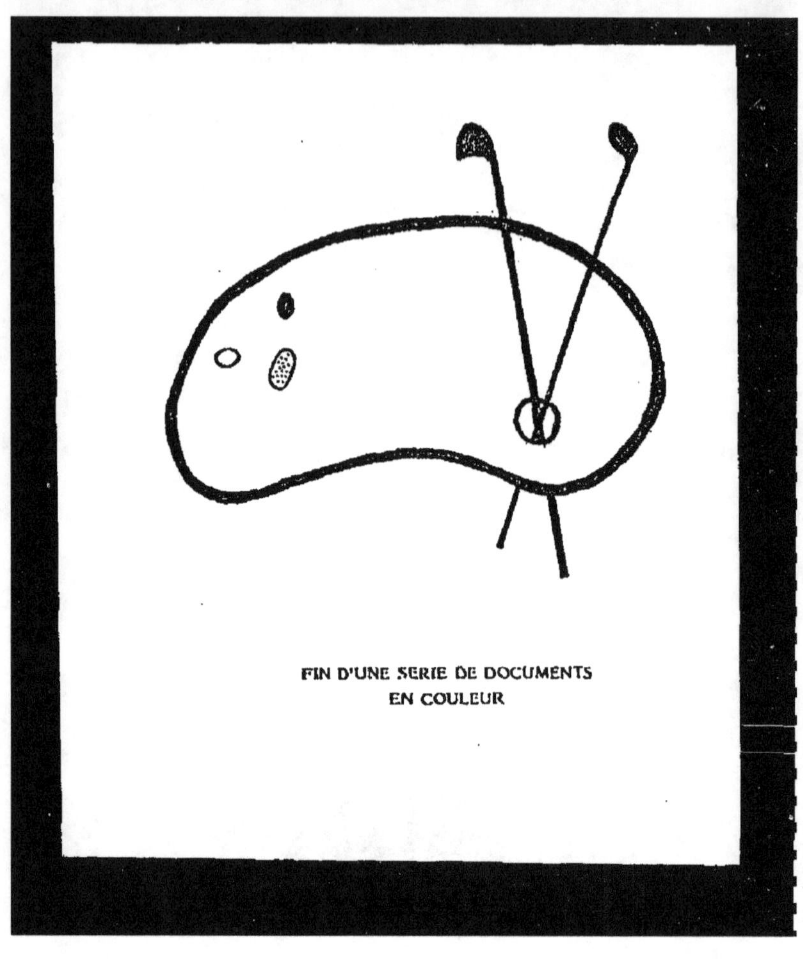

FIN D'UNE SÉRIE DE DOCUMENTS
EN COULEUR

Henri STEIN

JEAN AUXTABOURS

ARCHITECTE

DE LA CATHÉDRALE DE CHARTRES

CAEN

HENRI DELESQUES, IMPRIMEUR-ÉDITEUR

34, RUE DEMOLOMBE, 34

1908

Extrait du *Bulletin Monumental*, t. LXXI, 1907.

JEAN AUXTABOURS

ARCHITECTE DE LA

CATHÉDRALE DE CHARTRES

Depuis quelques années, les études de détail sur la cathédrale de Chartres se sont multipliées. A l'envi, les archéologues ont tenté de percer les mystères qui entourent les différentes phases de la construction de l'édifice actuel et de ceux qui l'ont précédé. Deux d'entre eux, MM. Eugène Lefèvre-Pontalis (1) et René Merlet (2), se sont plus particulièrement attachés, en débrouillant les textes et en signalant les erreurs d'attribution, à dresser une liste de tous les architectes ou maîtres d'œuvre actuellement connus pour avoir participé, d'une manière plus ou moins considérable, à la direction des travaux. En dépit des légendes accumulées et dont ils ont su faire bonne

(1) *Les architectes et la construction des cathédrales de Chartres.* dans les *Mémoires de la Société nationale des Antiquaires de France,* 7ᵉ série, t. IV (1905), p. 69-136.

(2) *Les architectes de la cathédrale de Chartres et la construction de la chapelle Saint-Piat au XIVᵉ siècle,* dans le *Bulletin Monumental,* t. LXX (1906), p. 218-234.

justice, un état de la question, provisoirement définitif,
a été établi ; et si les lacunes sont encore trop nom-
breuses au gré des historiens de la célèbre cathédrale,
on peut escompter de nouvelles découvertes et expri-
mer l'espoir que d'autres noms viendront s'ajouter à
ceux des onze architectes dont la participation à Notre-
Dame de Chartres peut être, entre la fin du Xe siècle
et le commencement du XVIe, affirmée aujourd'hui en
toute certitude.

De ces noms, il en est un sur lequel il convient
d'appeler de nouveau l'attention des archéologues ;
c'est celui de Jean Cabours, que MM. Lefèvre-Pontalis et René Merlet ont emprunté à un article antérieur
de A. Lecocq (1), d'après un registre de conclusions
capitulaires conservé à la bibliothèque municipale de
Chartres (2). D'après ce texte unique, cet architecte
construit une tourelle, probablement au transept
méridional, et reçoit une gratification du chapitre
cathédral le 11 août 1370. Avant et après cette date,
aucune trace ne semble subsister de ce « magister
lathomorum ecclesie ».

Malgré ce silence, on peut apporter quelque lumière
sur la personnalité de ce maître de l'œuvre, on peut
lui donner un « curriculum vitæ », mais à la condi-
tion de lui restituer son véritable nom. Jean Cabours
n'existe pas et n'a jamais existé ; la révélation de ce
nom nouveau dans la liste des architectes du moyen

---

(1) *La cathédrale de Chartres et ses maîtres de l'œuvre*, dans les
Mémoires de la Société archéologique d'Eure-et-Loir, t. VI, p. 396.

(2) Ms. 1007 (t. III), f^o xxj. — Il figure, d'après la même source,
dans Bauchal: *Nouveau dictionnaire biographique et critique des
architectes français* (1887), p. 89, mais avec une erreur d'impression
au sujet de la date: 1770 au lieu de 1370.

âge est le résultat d'une erreur paléographique de A. Lecocq, perpétuée jusqu'à ce jour.

Vérification faite sur l'original (1), dont la lecture est d'ailleurs très difficile, le passage doit être lu : *Magistro Johanni aus Tabours, magistro lathomorum ecclesie*. Cette légère modification permet d'être beaucoup moins réservé sur le compte de notre architecte, qui paraît avoir joui au contraire d'une grande notoriété au XIVe siècle, et figure déjà sous ce véritable nom dans les répertoires spéciaux (2). Il est d'ailleurs à peu près certain qu'il y eut deux personnages du même nom qui, l'un après l'autre, occupèrent des fonctions analogues.

Dès 1345, on signale la présence de Jean Auxtabours comme maître des œuvres du roi au bailliage de Mantes. En 1347 et 1369, il délivre des certificats constatant la fourniture de matériaux pour divers travaux effectués aux encorbellements de la tourelle et aux murs du château de cette ville, et sa mise en défense pendant l'occupation anglaise (3). Des sommes considérables sont affectées par le roi à exécuter, en 1367 et 1368, des fortifications (4). D'autres docu-

(1) Faite à ma demande par mes confrères MM. Merlet et Jusselin.

(2) Dans le *Dictionnaire des architectes français* d'Adolphe Lance, il est même mentionné une première fois au t. I, p. 32, sous le nom « Atabours », et une seconde fois au t. II, p. 288, sous le nom « Tabours (aux) ». L'auteur ne s'est pas aperçu du double emploi.

(3) Bérard: *Dictionnaire biographique des artistes français*, col. 28-29; reproduit par Lance et par Bauchal.

(4) « Sachent tuit que je Jehan Autabours, maistre des euvres de massonnerie du Roy nostre Sire ou bailliage de Mante, certiffie que Jehan Roussel, plastrier, a livré pour les euvres du fort de Mante

depuis le premier jour de mars l'an mil ccclxvi jusqu'aujourd'huy deux muys de plastre pour le pris de xxxii sols par chascun muy, et pour le portage des dits deux muys vii sols parisis, et lequel plastre a esté employé au premier planchier de la tourrelle du pillier sur Saine, et pour couvrir les guéristes d'entre ladite tourrelle et les murs du chastel. Et tout ce je certiffie par ces lettres scellées de mon propre scel. Ce fu fait l'an de grâce mil ccc soixante et sept, le mercredi XIIᵉ de may ».

— « Sachent tuit que Jehan Autabours, maistre des euvres de massonnerie du Roy nostre Sire ou bailliage de Mante, certiffie que Perrin Quillet, ouvrier de braz, a fait pour les euvres du fort de Mante, en la semaine finant le dernier jour de février dernier passé, cinq journées au pris de xviii deniers par jour à couler sablon et charger les tumbereaux en la garenne de Limay, pour la massonnerie de la tour du pont dudit fort, vallent vii sous vi deniers; item en la première sepmaine de ce présent mois de mars pour iiii journées faites par ledit Quillet, iiii journées pour Lorin Briquesat, et pour iiii journées de Jehan Jehan et iii journées de Jehannin Buhot, en ladite sepmaine et audit pris, tant à couler et charger sablon en ladite garenne, comme à curer, vuider et nettoier l'église de Nostre-Dame qui estoit empeschiée de la pierre de taille que l'en y avoit taillée, vallent xxi sols; item pour six journées par Lorin Briquesat en la sepmaine finant XIᵉ jour de ce mois de mars, audit pris, à vuider et nestoier les salles du donjon jouxte Nostre-Dame, et couler sablon et charger les tumbereaux de Limay, vallent xviii sols; item en la sepmaine finant XVIIIᵉ dudit mois de mars, pour trois journées faites par ledit Quillet et cinq journées par Lorin Briquesat, au pris de xviii deniers par jour, et pour quatre journées faites par Jehan Jehan en la dite sepmaine, au pris de xx deniers par jour, pour porter pierres en haut et guéristes d'entour ledit fort pour la deffense d'icelluy, vallent xviii sols viii deniers parisis, lesquelles parties vallent en toute somme soixante-cinq sols deux deniers parisis que ledit Quillet, tant en son nom comme propre, et ou nom des autres dessus nommés et pour leur distribuer, de Robert de Maule, commis pour les dites euvres. Ce que je certifie soubz son scel. Donné le XVIIIᵉ jour de mars mil ccc soixante-sept ». (*Bibliothèque nationale*, coll. Vexin, vol. XV, fᵒˢ 233 et 236). — Cf. *La chronique de Mantes*, par A. Durand et E. Grave (Mantes, 1883, in-8ᵒ), p. 243.

ments, publiés par moi-même il y a quelques années (1), il résulte que le même maître-maçon juré du roi accomplit dans la ville de Mantes, un peu postérieurement, d'autres travaux considérables.

Sur l'emplacement d'un ancien ermitage de sainte Christine, le roi Charles V fonde, en 1373, le couvent des Célestins de Mantes ; il charge de cette construction Jean Auxtabours (2), qui a divers ouvriers sous ses ordres, et quatre ans après a lieu l'installation définitive des religieux.

En 1375, la défense militaire de la ville ne paraît pas encore suffisante au roi, qui, non content de ren-

____

(1) *Commission des antiquités et des arts de Seine-et-Oise*, t. XIV (1894), p. 125-128, et t. XIX (1899), p. 85-88.

(2) « Jean Autabours, maistre des euvres de maçonnerie du Roy nostre Sire ou bailliage de Mante, certifie que Jehan Rosé, pionnier, a vuidié la terre des fondemens à faire les murs de la cuisine et enfermerie de l'ostel des Célestins empres l'ermitage de Mante, c'est assavoir dix-huit toises à six piez la toise, et donné de haut chascune toise l'une par l'autre, au pris de cinq sols parisis pour toise, par marché fait par moy avecques ledit pionnier ; et ce je certifie estre vray par ceste cédulle scellée de mon scel duquel je use. Escript le mardy XIIIe jour de décembre l'an mil ccclxxiii. Scellé d'un sceau chargé d'une règle posée en bande, accompagnée d'un maillet ou marteau en chef et d'une équierre en pointe ». (*Bibliothèque nationale*, coll. Vexin, vol. XV, f° 253). — Cf. *La chronique de Mantes*, par A. Durand et E. Grave, p. 238. Il est fort possible que l'on puisse voir encore aujourd'hui à Limay un vestige, bien peu considérable en vérité, de la construction primitive du couvent des Célestins édifiée par Jean Auxtabours : en effet, le portail actuel de l'église paroissiale de Limay, qui est du XVIe siècle, comporte des pieds-droits de la fin du XIVe, tout à fait étrangers à l'arcade cintrée qui les surmonte, et on peut raisonnablement admettre qu'ils proviennent de l'église voisine des Célestins (Cf. *Notes sur l'église de Limay*, par Louis Régnier, 1906, p. 5).

forcer la garnison, augmente les moyens de résistance : l'ennemi est toujours aux portes ; et c'est l'église Notre-Dame qui est fortifiée en même temps que le pont (1). En avril 1378, des travaux continuent à l'église, sous la direction constante de Jean Auxtabours, et encore en avril 1385. A cette même date, on travaille à la maison du capitaine de la ville

(1) « Je Jehan Auxtabours, maistre masson du Roy nostre Sire à Mante, certifie que Guillaume Gaubert de Mante a livré et baillé douze pièces de merien pour faire les clostures ou fort par dedens l'esglise Nostre-Dame à Mante pour le prix de douze sols parisis ; item ledit Guillaume a vacqué cinq jours en l'aoust passé à recevoir chaux livré par Jehan Perier pour les œuvres tant de la porte du donjon comme de la porte ordonné en l'allée nouvelle dudit fort, au pris de xi sols par jour, x sols font en somme les parties xxii sols parisis, par marchié fait par moy avec ledit Guillaume. Et ce je certifie sous mon scel duquel je use. Escript le XI⁰ jour de novembre l'an mil ccclxxxv». (*Bibliothèque nationale*, coll. Vexin, vol. XV, f⁰ 258). — «Je Jehan AusTabours, maistre des œuvres de massonnerie du Roy nostre sire ou bailliage de Mante, certefie que Robin de Ver l'ainsné, masson demourant à Mante, sur la besongne de la nouvelle porte de l'entrée de la nouvelle allée ordenée estre faite ou fort de l'esglise Nostre-Dame de Mante, a fait ce qui enssuit, c'est assavoir percié le mur endroit la rue des Estuves dudit fort, a fait une porte à deux perc de housseures dedens et à huit piez de lé et dix piez de hausture, toute de pierre de taille à mortier de chaux et de sablon ; item par dehors, sur les fossez, endroit l'antrée de ladite porte, a fait et esligé un treste de pierre et les costés pris ou fons des fossez, et a ledit treste quatre toises de longe et quatre toises de lé, et huit piez d'espoice de pierre de taille, et les paremens de pierre de taille par devant, et par retraites de deus piez à deus piez de hausture, et à retraites et chanfrains de trois poux de retraitte jucques au hault de chaussée ; item un autre treste par dedens, qui est fait à la douve du fossé dudit fort devers la ville, de douze piez de long et de six piez d'espoice, et parement devant et retraites jucques au rez-de-chaussée ; item a fait sur les fondemens des traites jouxte les murs dudit fort, endroit les dites

et on abat deux maisons en ruine qui l'avoisinaient : c'est le même architecte qui passe les marchés nécessaires pour la mise en état.

On possède le reçu de la somme que Jean Auxtabours toucha, pour ses aides et pour lui, le 31 mars 1387, pour réfection du pavage à la terrasse du donjon qui défend le fort de Mantes. On possède également le certificat qu'il délivre, le 28 mars 1392, à un maçon travaillant sous ses ordres, pour bonne exécution de différents travaux aux étangs de Meulan (1).

Pendant près de cinquante ans, le même architecte conserve les mêmes fonctions et jouit par plusieurs fois de l'entière confiance du roi pour des entreprises particulièrement délicates. On sait encore, par une simple mention d'inventaire qui a son prix en l'absence

Estuves, grosse massonnerie de six piez d'espoice ou front de devant, fait de pierre de taille de dehors et porte couleisse dedens, et porte fermant et allée pour la planchette, trois coux de pilliers devant chascun pillier de deux piés de col et de pié et demi de front devant, montant contremont ladite massonnerie, jucques au hault de la houssure de l'entrée de la porte; ycelle massonnerie est de six piez d'espoice des fondemens jucques au rez des terres, et au-dessus des terres de trois piez d'espoice; et est le pont leveiz et les berges herbergeant dedens ycelle massonnerie. Toutes lesquelles besongnes faictes par ledict Robin, ainsi que dessus est dit, ont esté bien et justement avalluées à lxxvi toises de massonnerie telle que dessus est dit, au pris de iii francs pour toise, vallent iic xxviii francs d'or; toutes lesquelles besongnes je tesmoisgne et certifie avoir esté ainsi faites comme dessus est, et tout par marché fait par moy audit pris avec ledit Robin, et ycelles besongnes sont bien et deuement faites. Escript sous mon scel duquel je use, le XXVIIe jour de décembre l'an mil ccclxxv ». (*Archives nationales*, kk 1309, nº 55.)

(1) *Commission des antiquités et des arts de Seine-et-Oise, loc. cit.*

des documents, eux-mêmes disparus, que Jean Auxtabours a dirigé en partie le travail de réfection des
voûtes du chœur de l'église Notre-Dame de Vernon ;
mais on sait aussi que ce travail ne fut pas exécuté
suivant les conventions passées avec le chapitre et
qu'il en advint un procès entre les parties, qui fut
jugé en 1380 par l'abbé de Saint-Magloire. Il semble
bien qu'alors, les anciennes voûtes menaçaient ruine,
mais aussi que Auxtabours n'acheva pas la restaura-
tion qui lui avait été confiée ; aussi, si sa participation
aux travaux de cet édifice n'est pas niable, on ne
saurait affirmer sans réserve que les voûtes actuelles
sont bien son œuvre (1).

Ainsi, peu à peu, se révèlent de nouveaux documents,
auxquels viendront s'en ajouter d'autres, si l'on par-
vient à en découvrir permettant sans doute d'affirmer
son intervention dans beaucoup d'ouvrages du XIVe
siècle, de la région du Vexin et de la Normandie.

---

(1) « ... Item un procès devant l'abbé de Saint-Magloire meu
entre le chapitre de Vernon et Me Jean Autabour, maçon, maistre
des euvres pour le Roy, à cause du cuer de l'église dont lors fut
marché fait avec ledit maistre Jehan d'abattre la vieille maçonnerie des voustes du chœur et réédiffier ; lesquelles choses sont au
plus tard contenues audit procès ; et ne fut pas ladite ouvrage faite
ainsy que le marchié le contenait, et peut estre gardé pour autre
avis sur la perfection de l'ouvrage encommencé, si on la voulait
parfaire, et fut iceluy procès mis et discuté devant ledit abbé de
Saint-Magloire comme juge donné à l'église de Vernon par vertu
de la bulle cy-devant enregistré ; lequel procès fut mis devant
ledit abbé l'an 1380 ». [D'après un inventaire des titres de l'église
collégiale Notre-Dame de Vernon, fidèlement copié et transcrit de
l'original en vellin, en dapte de l'an 1434, dit Registre velu]. *La
Normandie pittoresque et monumentale ; Eure*, t. I (Le Hâvre,
1896, in-fo), p. 120.

Voilà l'homme que les chanoines de Chartres choisirent, peut-être sur la recommandation de Charles V, pour diriger les travaux de leur cathédrale en 1370. Demeura-t-il longtemps à la tête de ce service ? Il est permis d'en douter. D'une part, l'existence d'une mention unique le concernant, dans les registres capitulaires, et sa présence très fréquemment obligatoire à Mantes et aux environs, d'autre part, font apparaître son séjour à Chartres comme sans doute éphémère. Mais qui sait s'il n'y revint pas plus d'une fois ultérieurement ? Il n'en est pas moins vrai qu'il y a identité absolue entre le maître des œuvres du roi au bailliage de Mantes et le maître de l'œuvre de la cathédrale de Chartres (1).

(1) J'irai plus loin encore, mais en entrant il est vrai cette fois dans le domaine de l'hypothèse, et je proposerai d'identifier l'architecte de Mantes, de Vernon et de Chartres avec un certain Jean Tabur l'aîné, qui est qualifié de maître d'œuvre de l'église Notre-Dame d'Alençon, construite sous le règne du roi Jean, vers 1350 (Bauchal, p. 541, d'après Odolant-Desnos), à moins qu'il ne s'agisse ici du père de Jean Auxtabours, ce que la qualification d'*aîné* tendrait à faire croire. — Dans ses *Mémoires historiques de la ville d'Alençon* (édition originale, 1787, t. I, p. 41), Odolant-Desnos dit, à propos de l'église Notre-Dame : « L'architecte fut Jean Taburbier l'aîné ». En réimprimant ce livre (nouvelle édition, 1858, t. I, p. 105), L. de la Sicotière a corrigé ce nom, qu'à bon droit il a jugé fautif, et rétabli le texte ainsi : « L'église Notre-Dame fut commencée sous le règne du roi Jean, alors prisonnier en Angleterre, sous la régence de Charles, dauphin et régent du royaume, dont on voit les armes en plusieurs endroits. L'architecte fut Jean Tabur l'aîné ; elle a 96 pieds de longueur sur 39 de largeur et 60 de hauteur. Le projet était de continuer l'ouvrage et les fondements en étaient jetés jusqu'à la Poterne ; mais les malheurs de l'État, occasionnés par la démence de Charles VI, la querelle entre les maisons d'Orléans et de Bourgogne et la guerre

On connaît encore un Jean Auxtabours qui prend, dans divers actes, le titre de maître des œuvres du roi au bailliage de Rouen. On le trouve avec cette qualification en 1374 ; on le retrouve en juillet 1398, date à laquelle il est chargé, par les échevins de Rouen, de déterminer, en se concertant avec son collègue Jean de Bayeux, sur l'emplacement futur de la porte Martainville (1). Et il semble bien, comme l'a déjà supposé Bauchal, que l'on soit ici en présence d'un fils du maître de l'œuvre du roi au bailliage de Mantes, prénommé comme lui.

Tel est le bilan de nos connaissances actuelles sur l'architecte Jean Auxtabours. Ces quelques indications, dont l'archéologie pourra tirer profit, ont pour origine une rectification paléographique qui n'était point à négliger.

---

des Anglais forcèrent les habitants à renoncer à leur entreprise ». L'éditeur, d'ailleurs en possession des manuscrits d'Odolant-Desnos, n'explique pas la correction qu'il a faite au nom de l'architecte, mais il est facile de reconnaître qu'il s'est basé, pour s'y croire autorisé, sur le fait qu'il existait dans cette même église (voir p. 106, note 2) une chapelle Saint-Jean ou des Tabur, où l'on voyait les tombes de la famille Tabur. Si l'on admet que, dans les deux formes du nom, la prononciation est identique, on n'hésitera pas à rapprocher de Jean Tabur, architecte à Alençon en 1350, Jean Auxtabours, architecte à Chartres en 1370. Et si l'hypothèse se vérifiait, on saurait le lieu d'origine de la famille.

(1) D'après Lance et Bauchal.

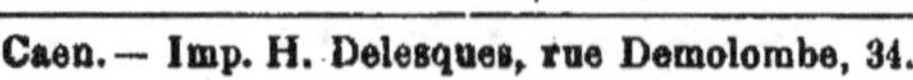

119

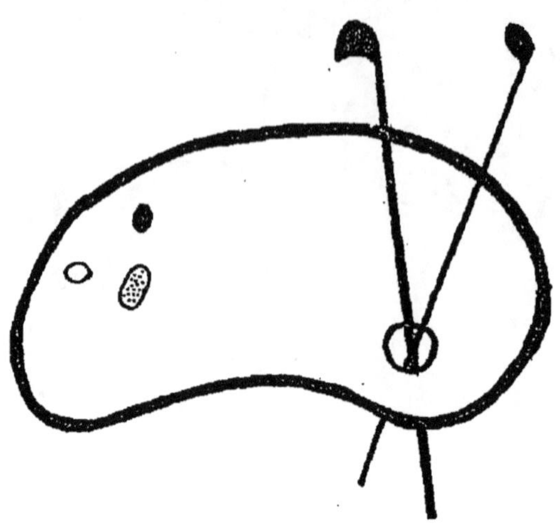